ABBAYE DE LIESSIES

NOTICE

SUR

Dom Etton LARIVIÈRE

Religieux de cette maison.

PUBLIÉE PAR

L. QUARRÉ-REYBOURBON

MEMBRE DE LA COMMISSION HISTORIQUE
DU DÉPARTEMENT DU NORD

LILLE

IMPRIMERIE LEFEBVRE-DUCROCQ

1884

ABBAYE DE LIESSIES

NOTICE

SUR

Dom Etton LARIVIÈRE

Religieux de cette maison.

PUBLIÉE PAR

L. QUARRÉ-REYBOURBON

MEMBRE DE LA COMMISSION HISTORIQUE
DU DÉPARTEMENT DU NORD

LILLE

IMPRIMERIE LEFEBVRE-DUCROCQ

1884

J'ouvre le dictionnaire de Napoléon Landais à la lettre C, et j'y lis : « COLLECTIONNER, etc.. faire des collections », puis cette boutade de Lacroix : « Le bibliomane vaniteux *collectionne* des livres comme il ferait des tableaux. »

Précédemment Boiste avait dit : « Les collections de livres, de tableaux, de curiosités, etc., etc., sont au nombre des choses dont l'homme se promet en vain de jouir. »

Ces vénérables savants sont dans le vrai ; mais, cependant, je me permettrai de leur faire observer que le collectionneur a du bon quelquefois, souvent même ridicule, comme les hommes ayant une idée fixe ; il a été caricaturé de toutes les manières. Mais si parfois il prête à la plaisanterie, il a son côté utile.

Que de choses curieuses, précieuses, auraient été détruites, que de tableaux lacérés, que de livres, que de documents auraient été brûlés, que de renseignements auraient été perdus pour l'histoire générale et celle des familles, si ce pauvre collectionneur, si souvent blackboulé, n'avait pas fait le service de *conservateur* !

Un trait entre mille vient appuyer mon assertion.

Il y a une vingtaine d'années, au moins, M. l'abbé Boniface, le consciencieux, l'érudit auteur de l'*Histoire d'Esne, d'Aubencheul-au-Bois* et de bien d'autres ouvrages, avait emprunté à l'un de ses cousins une notice sur Dom Etton Larivière, leur parent commun, avec l'intention de la publier. Des circonstances qui me sont inconnues retardèrent cette publication, et la notice resta inédite.

M. l'abbé Boniface étant mort il y a une douzaine d'années, sa bibliothèque ainsi que ses notes passèrent entre les mains d'un de ses frères qui chercha à en tirer parti ; il vendit les livres les plus importants à diverses personnes.

Des documents imprimés allèrent s'échouer chez M. Chavaray, marchand d'autographes à Paris, à qui je les ai achetés avec d'autres pièces.

Tout dernièrement ayant appris que le frère de M. Boniface possédait encore des documents, j'allais le trouver et je fus assez heureux pour trouver et acquérir des notes sur plusieurs communes du Cambrésis, et la curieuse notice anonyme sur Dom Larivière que l'on croyait perdue et qui n'était qu'égarée dans d'autres papiers.

Je me fais un devoir de publier cette biographie qui a trait à une famille, avec laquelle je me trouve presqu'allié, par suite du mariage de mon cher beau-frère, M. Ch. Demaël, avec Mlle Désirée Larivière de Fontaine-au-Pire.

Je n'ai pas d'autre prétention que d'être agréable à une respectable famille et de tirer de l'oubli un document intéressant pour l'histoire du Cambrésis.

Cela pourra peut-être aussi ne pas être inutile pour réhabiliter les collectionneurs et leur donner une raison d'être.

L. Quarré-Reybourbon.

ABBAYE DE LIESSIES

NOTICE

SUR

Dom ETTON LARIVIÈRE

Au milieu du siècle dernier, vivait au bourg d'Iwuy, près de Cambrai, une honnête famille du nom de Larivière. Le père et la mère, cultivateurs, d'une modeste aisance et d'une grande foi, voyaient se réunir chaque jour en précieuse couronne autour de leur table trois fils : Etton, Jean-Baptiste et Henri. Pleins de santé, d'une belle et forte constitution, laborieux, mais surtout héritiers des vertus paternelles, ces jeunes gens comblaient de joie leurs parents heureux et fiers d'une si belle descendance. Etton, né en 1758, se distinguait au milieu de ses frères, par son goût pour la science et son ardeur au service de Dieu. Quand l'heure de choisir une carrière eut sonné, nul ne s'étonna de le voir préférer l'état religieux aux brillantes positions qui s'offraient et faisaient miroiter à ses yeux l'appas des plus beaux succès les plus chers au jeune âge. Il se mit donc à la recherche de l'abbaye où brillaient d'une plus vive lumière le savoir et les vertus monastiques ; son choix tomba sur Liessies.

La vie y était simple et frugale ; il n'y avait jamais qu'un plat de viande et un de légumes sur la table autour de laquelle régnait constamment une sobriété exemplaire. Le mobilier de sa cellule se composait d'un lit entouré de rideaux de serge, de deux chaises, d'une table, de quelques livres et d'objets de piété placés sur les encadrements, soit de la porte, soit de la cheminée. Malgré les vingt-six religieux de la maison, l'inventaire dressé par la révolution ne portait que six miroirs.

Ce ne fut pas sans une grande émotion que ses père et mère le virent disposé à quitter une famille qu'il édifiait, et à laquelle il pouvait rendre de si importants services selon le monde. Lui-même n'aurait pu se séparer des auteurs de ses jours, s'il ne leur eût laissé deux dignes frères, capables de les dédommager un peu de son absence.

Après mille obstacles vaincus, mille objections réfutées, mille adieux faits et renouvelés, on le vit un matin se dérober aux embrassements de sa famille, s'en aller, accompagné de son frère Jean-Baptiste, seul joyeux dans l'affliction générale, vers Liessies qu'il appelait de tous ses vœux.

Si son départ fut un deuil pour Iwuy, son arrivée fut une fête pour Liessies, où il rendit en progrès ce qu'il recevait en leçons, et en vertus ce qu'il recevait en exemples. Il y passa par tous les ordres sacrés, et fut sans peine élevé au sacerdoce.

Dom ETTON, tout en suivant l'ordre de la maison, avait réglé de la manière la plus convenable ses heures de prières, d'étude et de travail. Après la chapelle, le local qu'il affectionnait le plus était la bibliothèque, dont il se plaisait à feuilleter les six mille in-folios, les trois mille autres volumes imprimés, et les deux cent trente précieux manuscrits. Quand, au sortir de l'étude ou des exercices, le devoir ou la charité n'appelaient pas au milieu de ses frères notre religieux à l'humeur conciliante et pieusement enjouée, il se livrait à la culture des fleurs dans un parterre. Il y admirait la plante exotique s'épanouir à côté de la rose et de l'anémone. On lisait çà et là, sur la clôture grillée de son jardin, des passages de l'Ecriture, relatifs aux plantes, et unissant au parfum des fleurs celui de la piété.

C'est ainsi que Dom ETTON laissait couler sa

vie paisible et occupée dans une vallée que son délicieux aspect fit nommer *la Riante*, lorsque l'orage révolutionnaire vint gronder sur le pieux asile, et y jeter le trouble parmi ses tranquilles habitants. Présage sinistre, les membres du district d'Avesnes allèrent, le 9 août 1790, dresser l'inventaire de l'abbaye, dans laquelle ils rencontrèrent vingt-six religieux, dont dix-neuf avaient reçu le sacrement de l'ordre. Dom Etton, le dernier et le plus jeune des prêtres, n'avait que trente-deux ans. Requis, par ordre du gouvernement, d'expliquer si son intention était de rester dans le monastère ou d'en sortir, il répondit nettement qu'il voulait vivre et mourir selon les vœux qu'il avait faits.

Un nouveau récolement et de nouvelles propositions eurent lieu le trente-un décembre suivant, mais avec le même insuccès. Le 28 janvier 1791, les officiers municipaux de Liessies vinrent à leur tour renouveler la demande du gouvernement sur les intentions des religieux. Voici quelle fut la réponse écrite et signée par notre bon prêtre :

« Dom Etton Larivière, religieux de l'ab-
« baye de Liessies, déclare qu'il désire obser-
« ver dans ladite maison, tant qu'il lui sera
« possible, les vœux qu'il a faits à Dieu et la
« règle qu'il a embrassée sous l'autorité de

« l'Eglise et la protection du gouvernement.
« En foi de quoi il a signé :

Dom Etton Larivière.»

Ainsi, le saint religieux préférait à la défection, l'exil avec ses misères et la perspective du martyre avec ses douleurs. Le courage du jeune prêtre a-t-il soutenu celui de ses frères, ou n'en fut-il qu'un partage? Nous ne saurions le décider. Ce qu'il y a de certain, c'est que pas un moine de Liessies ne faillit à ses engagements sacrés. Mais, qui dira les sanglots de Dom Etton, lorsque, au printemps suivant, exilé par les ravisseurs, il dut abandonner sa chère cellule ? Quels adieux il adressait à ses frères et à son abbé au milieu desquels il était comme saint Jean auprès des apôtres de Jésus ? Qui dira de quels gémissements il faisait retentir les cloîtres, de quels pleurs il arrosait les sentiers en s'éloignant de cet oasis ? Combien de fois il s'arrêta pour retourner ses regards vers ces parcs, ces jardins, ces prés, ces pièces d'eau, cette église, ces clochers déjà muets, et à l'ombre desquels il descendait si heureusement le fleuve de la vie ? qui dira les déchirements de son cœur, lorsqu'il jeta un dernier regard sur le cimetière ? Sur le cimetière santifié par tant de pieuses dépouilles au milieu desquelles il espérait attendre en paix le grand jour de la résurrection générale? Incapable de s'arracher subitement à des lieux si chers, le saint religieux erra quelques jours autour de Liessies auquel il adressait chaque fois ses derniers adieux. C'était la fidèle et laborieuse abeille revenant voltiger et bourdonner autour de sa ruche envahie.

Vers quel point de l'horizon va-t-il enfin diriger ses pas ? Se rendra-t-il dans sa famille ? Oh ! qu'il lui tarde d'aller embrasser son père, sa mère, ses jeunes frères, pour les consoler et se consoler au milieu d'eux ! Avec quelle tendresse il est reçu dans cette famille qui ne sait si elle doit pleurer de tristesse ou de joie, tant les cœurs sont agités de sentiments divers ! Cependant, l'implacable révolution exige des prêtres un serment qui blesse leur conscience, en les soustrayant à la houlette du suprême pasteur sur la terre. Entre son devoir et la proscription ou la mort, Dom ETTON ne saurait balancer ; il refuse héroïquement ; et, voyant la vigne du Seigneur dévastée, il se met à la parcourir, afin d'y réparer la nuit les dommages que l'ennemi cause le jour.

Le village de Viesly paraît avoir été un des principaux théâtres de ses travaux. Notre religieux y fut ardemment secondé par Marie Foulon, jeune institutrice de la paroisse, et par Catherine Canonne, compagne inséparable de Marie. Ces deux intrépides jeunes filles, dont la seconde n'avait pas dix-huit ans, se déguisaient tantôt en marchandes, tantôt en ouvrières des champs. Chargées, selon les circonstances, de paquets de chicorée, d'une rasette, d'un rateau, d'une faucille, elles éclairaient la marche du saint prêtre et portaient sur elles le très saint Sacrement jusqu'aux environs du Cateau. Enfin, Dom Etton, spécialement recherché, ne peut plus résister aux poursuites ; il s'arrache une seconde fois des bras de sa famille éplorée ; il salue le toit paternel qu'il ne reverra plus ; et, le voilà appuyé sur le bâton de l'exilé, il se dirige péniblement vers la Belgique.

Peu de temps après, le 28 juillet 1793, les Autrichiens s'emparent de Valenciennes. De pieux fidèles, des malades, des blessés, des expatriés, des religieuses revenues dans leurs asiles, implorent les secours de la religion. Dom Etton ne prend conseil que de son zèle pour la gloire de Dieu, et de sa charité pour le prochain. Il vient en toute hâte soulager ceux qui l'appellent ; quelques-uns même de ces hommes qui lui fermaient naguère de leurs armes l'entrée de la patrie, implorent et reçoivent de lui les secours de la religion.

Il officie dans les églises, hélas ! déjà profanées par le schisme ou dévastées par la fureur révolutionnaire. Ses journées se passent dans les confessionaux, et ses nuits au chevet des mourants. Une année s'était écoulée dans ces occupations d'un zèle infatigable, quand les Français rentrèrent dans Valenciennes le 27 août 1794.

Valenciennes reconquise vit arriver dans ses murs deux membres de la Convention, Lacoste et Roger Ducos, qui, entourés d'hommes vils et sanguinaires, s'empressent à l'envie de dresser des listes de proscription. Les arrestations commencent dès la nuit du 1er septembre, et l'on jette dans les prisons improvisées plus de mille personnes tant de la ville que du dehors, sans manquer d'y comprendre la presque totalité des religieuses et des prêtres restés en ville. Dès lors, pour juger de prétendus délits, une commission militaire est nommée par les représentants du peuple, et cette commission condamne à mort soixante-sept victimes coupables d'un trop grande confiance dans le gouvernement républicain et dans leur innocence.

Dom ETTON LARIVIÈRE, qui s'est soustrait aux premières arrestations, n'ignore pas sa destinée s'il est découvert. La mort de son frère, guillotiné à cause de lui sur la place de Cambrai, ne laisse aucun doute à cet égard. Mais le sentiment de sa propre conservation ne peut le décider à quitter les maisons encombrées de blessés et de malades qui invoquent son ministère. D'ailleurs, comment son ingénuité se figurerait-elle que des Français voulussent enlever la vie à des frères dont le crime est de se retrouver sur le sein maternel de la patrie, après l'avoir fui pour accomplir la loi et se soustraire à la mort ? Voudra-t-on enlever la vie du corps à celui qui ne vise qu'à procurer celle de l'âme ? Va-t-on faire descendre au tombeau celui qui fait monter les autres au ciel ? Ne suffit-il pas, au moins, de se dérober pour quelque temps aux regards du public ? Vaine confiance ! on englobe dans les arrestations des jours suivants, Dom ETTON LARIVIÈRE, dit aussi Père Larivière, Martial Godez, de Valenciennes, prêtre et capucin, ainsi que Hubert Pavot, de Poix, prêtre et récollet. Tous sont jetés pêle-mêle dans l'église actuelle de St-Géry, transformée alors en prison. Ils n'y reçoivent qu'une nourriture insuffisante et grossière ; et ils n'ont pas même de paille pour se coucher.

Semblables aux martyrs des premiers siècles, ces prisonniers employaient leur temps à s'affermir dans la foi, à se préparer à la mort. Dom ETTON circulait de groupes en groupes, citant aux prêtres et aux religieux les exemples des apôtres, de saint Étienne, de saint Laurent qui se réjouissaient d'avoir été trouvés dignes de souffrir pour le nom de Jésus. Aux religieuses, il rappelait le courage de sainte Ursule et de ses compagnes martyrisées avec elle ; il leur parlait des vierges de Ptolémaïs, etc. Aux laïcs des deux sexes, il montrait saint Sébastien, sainte Agnès, sainte Agathe, sainte Catherine. Il faisait entrevoir à tous le ciel ouvert avec les palmes et la gloire qui les y attendaient. Il présentait aux autres et à lui-même leur détention comme une retraite préparatoire à l'entrée de l'éternité, et leur prison comme le vestibule des palais éternels. Un jour on vint appeler et enlever de ce lieu Larivière, Pavot et Godez, et avec eux les soldats émigrés Brunet, de Vendegies, Pelsez, de Landrecies, ainsi que Hamel, domestique du prince de Lambesch. Ces prisonniers furent transférés à la maison d'arrêt la plus rapprochée de la place d'armes. Ils devaient y subir leur interrogatoire devant la commission militaire qui semblait n'avoir que le mandat de tuer, puisqu'elle condamna à la peine de mort tous les détenus qu'elle interrogea.

Le Père Larivière, car il était connu à Valenciennes sous ce nom, déclara sans détour qu'il avait émigré, mais seulement pour obéir à la loi qui ordonnait à tous les prêtres insermentés d'abandonner le sol de la patrie ;

qu'il était rentré en France uniquement pour consoler des malheureux réclamant son ministère ; il ajoutait : j'y suis resté après le départ des Autrichiens parce que j'avais toute confiance en la loyauté du gouvernement républicain. Que pouvait cette argumentation si simple auprès de ces juges qui allaient condamner à la mort des couvents entiers de saintes religieuses, parce qu'elles étaient rentrées dans leurs oratoires ? Du reste, on condamna bien à Verdun dix-sept jeunes filles à expier par la mort le crime irrémissible d'avoir dansé avec les Prussiens ? Le Père Larivière est donc condamné avec les deux autres prêtres et les trois laïcs que nous venons de citer, à porter sa tête sur l'échafaud. C'était le 12 octobre 1794. Lorsqu'à son retour du tribunal, il apprit cette nouvelle aux autres prisonniers, l'assemblée fondit en larmes et se prosterna à ses pieds. Lui seul demeura calme et debout au milieu de la foule gémissante. Le reste du temps se passa à réciter des prières et à chanter l'office des morts.

Le Père Larivière avait inspiré une telle sérénité d'âme à ses compagnons du martyre, que le jour de l'exécution, le Père Pavot ne se contenta point de réciter ses offices à l'ordinaire. Lorsqu'il eut fini vêpres et complies, il invita plusieurs personnes à faire avec lui une partie de cartes. Le jeu durait encore au moment où on vint l'appeler pour le conduire à la guillotine : c'est vrai, dit-il, avec un sublime sang-froid, il faut aller mourir ! Eh bien, *procedamus in pace in nomine Domini nostri Jesu-Christi,* partons en paix au nom de Notre-Seigneur Jésus-Christ.

On se mit en chemin vers quatre heures du soir. Alors le Père Larivière déployant sa voix vibrante et inspirée, ébranla une dernière fois les voûtes de la prison du chant triomphal du *Te Deum.* Il continua de le réciter avec ses compagnons en s'avançant du côté de la place qui était presque déserte, tant cette exécution excitait de dégoût et d'indignation.

Arrivés au pied de l'échafaud, Dom ETTON prétend y monter le premier ; le Père Pavot réclame le pas comme le plus âgé ; les autres condamnés, auxquels notre martyr avait inspiré une incroyable sérénité d'âme, le supplient de rester le dernier pour soutenir leur courage. Il cède, il continue d'exhorter, d'absoudre, de bénir et d'embrasser les mourants à mesure que leur tour arrive. Puis, quand ce prêtre intrépide a vu le glaive retomber cinq fois, trancher cinq têtes comme pour s'essayer à trancher la sixième, il franchit tout rayonnant et d'un pas agile, les marches rougies de la guillotine, et arrive droit sur la fatale plate-forme. Là, notre héros chrétien comtemple d'un œil ferme l'effrayant triangle d'acier relevé au-dessus de sa tête ; il reçoit les éclaboussures du sang qui en ruisselle écumeux et fumant ; il promène sur la place de larges et lents regards qu'il élève ensuite de la terre au ciel avec un sourire d'ange. Ses yeux paraissent chercher le chemin que son âme va prendre. Il se hâte de livrer son corps au bourreau chargé de briser les liens qui retenaient son âme loin de celles de ses compagnons du martyre.

NOTES

Si le lecteur voulait se représenter un tableau plus vif des sentiments qu'éprouva Dom Etton en quittant son abbaye, nous l'engagerions à visiter le village de Liessies et la ville d'Avesnes. Les rives de l'Helpe, les riantes prairies de Liessies, les collines plus riantes encore que l'on aperçoit aux alentours ne pourraient laisser son âme insensible. L'église d'Avesnes lui offrirait le buffet des orgues de la célèbre abbaye, et ses quatre colonnes en marbre rouge et blanc ; il y entendrait le carillon de Liessies jouer ses airs magnifiques et bien nourris ; il y entendrait la superbe cloche de douze mille livres éveiller les échos par ses accents graves et religieux.

Jean-Baptiste LARIVIÈRE

Jean-Baptiste Larivière, frère de Dom Etton vint un jour à Cambrai, avec la voiture et les chevaux de sa famille, faire des transports pour la République. Les autres laboureurs requis avec lui, ayant terminé la besogne imposée, se hâtèrent de retourner chez eux, et pressèrent Jean-Baptiste de les suivre, lui assurant qu'il courait de grands dangers s'il restait. Le digne jeune homme voulait préserver sa famille de tout mauvais soupçon de la part des révolutionnaires. Il montra du patriotisme, et resta volontairement quelques jours de plus au service de la République. Pendant ce temps, un dénonciateur informa le club cambrésien que Jean-Baptiste avait un frère prêtre et insermenté. L'infortuné jeune homme fut enfermé au Carré-de-Paille à Cambrai ; on confisqua au profit du délateur la voiture et les chevaux. L'innocente victime fut accusée d'entretenir avec son frère des relations que rien ne démontrait. Au commencement de février 1794, Jean-Baptiste Larivière fut condamné à mort et exécuté sur la place de Cambrai.

Henri Larivière, le plus jeune des trois frères, était comme eux d'un physique agréable, d'une belle taille, d'une forte constitution, et mieux encore d'une très grande vertu. Il adoucit, autant que possible, les amertumes de ses parents et fut secondé par tout le village qui partagea leur douleur, comme il partageait leur affection et leur estime pour ces bons jeunes gens. Marié dans la suite, Henri eut une enfant du nom de Marie-Joseph, laquelle épousa M. Désiré Lemaire de Naves, et alla résider dans ce village. De cette union naquirent huit enfants, six garçons et deux filles qui sont encore tous en vie. L'ainée des filles et quatre fils sont mariés. Les deux autres et leur plus jeune sœur, du nom de Marie Catherine, née vers 1836, demeurent célibataires dans la maison paternelle.

URSULINES

Les Ursulines avaient été emprisonnées dans l'église de Notre-Dame de la Chaussée. A leur arrivée, les autres détenus s'étaient empressés par respect, de leur livrer deux pièces fermées, peut-être deux sacristies. Lorsque les cinq premières condamnées à mort revinrent du tribunal et annoncèrent leur sentence, les autres fondirent en larmes. Comme la porte de leur chambre était ouverte, tous les incarcérés virent à distance ce qui se passait, et se mirent aussi à pleurer de crainte et d'admiration. Ces saintes martyres ne devaient pas avoir de funérailles après leur mort, elles en eurent de leur vivant. Chacune d'elles se plaça tour-à-tour renversée sur une table, comme une agonisante ou une morte. Les autres sœurs agenouillées autour de la table, récitèrent cinq fois les prières des agonisants et des morts.

Le lendemain, leur vénérable supérieure,

Clotilde Paillot, voyant approcher l'heure de l'exécution, adressa les recommandations, les encouragements, et les adieux suivants à ses filles selon Dieu : « Mes filles, on vous
« appellera peut-être encore avant l'exé-
« cution ; agissez toujours comme vous l'avez
« fait hier. Dites que si vous aviez su qu'on
« vous incriminerait pour être rentrées en
« France, vous seriez restées à l'étranger. Mais
« si l'on vous demande quelque chose contraire
« à la soumission due à Notre Saint-Père le
« Pape ou à vos vœux de religion, résistez.
« Faites-vous gloire, à l'exemple des apôtres,
« d'être trouvées dignes de souffrir pour
« Jésus-Christ ; mourez en dignes filles de
« sainte Ursule, augmentez le nombre de ses
« compagnes, et cueillez les mêmes palmes
« qu'elles. Oh ! que je voudrais être condam-
« née avec vous ! que je brûle de vous ac-
« compagner à l'échafaud pour vous soutenir
« dans vos derniers moments et monter au
« ciel à votre suite ! Non, je ne me conso-
« lerai plus de la vie, que dans l'espoir d'en-
« courager vos sœurs à mourir saintement et
« de partager leur sort ; je verserai mon
« sang avec bonheur, quand j'aurai vu qu'au-
« cune de vous n'aura laissé échapper la cou-
« ronne présentée à nos âmes par notre Mère
« la divine Marie, et par notre divin Epoux
« Jésus-Christ. » Après ces magnifiques

paroles, l'héroïque et pieuse supérieure bénit ses filles spirituelles, et ses vœux sublimes ne tardèrent pas à être exaucés. Toutes ses religieuses montèrent courageusement à l'échafaud, et elle y monta la dernière.

Nous avons rédigé la vie de Dom Etton Larivière et les notes qui la suivent, d'après les ouvrages imprimés et les dépositions de Mlle Moreau d'Iwuy, laquelle avait très bien connu Dom Etton et sa famille. Nous avons également consulté Augustine et Catherine Canonne, de Viesly, deux sœurs qui vivaient encore en 1861. Le manuscrit de M. Pontois, parent d'une des victimes de Valenciennes, laquelle se trouvait avec les détenus, nous procura des détails utiles. Enfin, notre récit fut confirmé, le 5 septembre 1861, par M. Clément, secrétaire de la mairie de Valenciennes. Il partagea la captivité de Dom Etton et des religieuses, vit en pleurant leurs préparatifs de mort, et les salua au moment de leur départ pour l'échafaud.

www.ingramcontent.com/pod-product-compliance
Lightning Source LLC
Chambersburg PA
CBHW070544080426
42453CB00029B/1948